Sänge einer

finsteren

Stätte

Jack B. Smith

An mich, auf mir,
mahnt Alltitanin-Endlichkeit an,
wie an all das Blühen und Beben
jeder Art und Form von Existenz,
zur Geborgenheit der Nichtigkeit-
Ewigkeitsmutter zu treten,
in meiner naturblinden Untiefe,
wie ich und alles was ich bin,
wie ich und alles,
endlich und ewig ist.

© 2020
Herstellung und Verlag:
BoD – Books on Demand, Norderstedt
ISBN: 978-3-7448-8918-6

Des Gummihuhns Rache

Die glühende Himmelsherrscherin durchflammte die Horizonte mit ihrem infernalischen lavagleichen Geist.
Kochend unter ihrem unnatürlichen Schein lag die Wüste vor dem schroff zerklüfteten Halbmondgebirge da, als hätte jemand einen Titanen, über den grausamen Weiten, ausbluten lassen. Bedrohlich dröhnend näher kommend durchstach eine schwarze Nadelspitze unwirklich nur eine einzige gerade Asphaltstraße dieses Reich, der sterbenden Röte. Ein schwarzer Mustang bahnte sich den Weg durch die Hitze schmelzenden Asphalts. Schwarz schwer, kam er bei der letzten Tankstelle vor den düsteren Steilhängen zum Stehen.

Schwarz-matte Stiefel festigten den Stand des Fahrers, als dieser den Motor abstellte und aus seinem Gefährt stieg.
Die angegraute Mähne nach hinten gekämmt. Sein Aussehen umwogt eine Aura, die die letzten Strahlen des Lichtes zu verdunkeln schien. Auf dem Beifahrersitz kauerte sich ein kleines Wesen zusammen.

Zerrissene Strumpfhose, Verdreckter Rock, zahlreiche blaue Flecken und eine Platzwunde über dem zugeschwollenem Blauen Auge. Unter bebenden Zittern war ihr neben den Spuren aus zerlaufener Schminke auch ein dünner Rinnsal aus geronnenem Blut über ihr vormals zärtliches Gesicht gelaufen. Es hatte durch all das nur noch einen sachten Engelhaften Schein,
behalten der Rest war bloßer Schmerz.
„Und Bleib sitzen!"

Fuhr sie der Fahrer mit donnernder Stimme an. Sie zuckte zusammen und die Platzwunde offenbarte kleine dicke weinrote Tropfen die auf die zerschundenen Knie tropften. Sie schluchzte leise und wimmerte mit der verbliebenen Kraft. Sie hörte ihn von sich weg hin zur Tankstelle stapfen. Nur der Wind war zu hören der um das Auto leise säuselte und etwas Staub durch das geöffnete Fenster ins Wageninnere blies. Der Wind war gewohnt warm, doch plötzlich änderte er die Richtung und erfüllte das Wageninnere mit sachtem blau-weißem Licht und einem kalten Windstoß. Sie fröstelte und schloss nur kurz die Augen um das wohltuende Gefühl auf ihren Wunden ansatzweise zu genießen. Es war ihr als hörte sie einen vertrauten Ton.

Es war der eines Gummihuhnes das zusammengedrückt wurde und atmend quietschte. Eine Welle aus Erinnerungen durchflutete sie. Der Ton war da als sie ihre erste wahre Liebe traf und es war ihr Markenzeichen. Ihr erkaltetes Herz erfasste sachtes wärmendes Glimmen. Ach könnte der Moment doch nur bleiben.

Ihre Innenwelt wurde durch etwas gestört das im Außen stattfand. Die spürte etwas auf ihren Schoß plumpsen. Leicht erschrocken von unheimlicher Verwunderung erblickte sie ein kleines Gummihuhn das da auf ihren Beinen lag. Es sah genauso aus wie... doch das konnte nicht möglich sein...

Es war das Gummihuhn das sie immer mit ihrer ersten Liebe verwendete. Doch er war genauso verbrannt worden wie dieses Stück hoffnungsvoller Erinnerung.

Ungläubigen Blickes fasste sie es vorsichtig an.

Es war wirklich da. Es hatte auch genau die kleinen abgenutzten Stellen, die gleichen Schnitte und auch jedes andere Detail war exakt gleich. Ein kleines Zettelchen hing ihm um den Hals, darauf stand „Drück mich". Leicht perplex, und mit sacht zitternden Händen, umschloss sie das Plastiktier und drückte. Wie erwartet stieß das Spielzeug ein Markdurchdringendes Pfeifen aus.

Im nächsten Augenblick, wie von einem weltenverschlingenden Tsunami getroffen, wurde es eiskalt und das vormals grelle gelb-blendende Licht der Sonne wurde geschluckt von einer arktischen Bläue.

Sie erwartete zu frösteln, doch irgendetwas Unwirkliches beließ sie in Unberührtheit.
Sie blickte um sich, glaubte ein Meeresrauschen zu hören. Das Salz auf ihren Lippen zu schmecken und das Singen einer Möwe. Kühlenden Sand unter ihren Füßen. Sie war an einem Strand. An einem den sie fast vergessen hatte. Der auf sie wirkte wie etwas das nie Teil ihres Lebens war.

Von links nahm sie ein stechendes helles Licht wahr und wandte sich in diese Richtung. Sie Stand vor dem Strandhaus in dem sie sooft gewesen war. Mit…. doch zum Erinnern kam sie nicht, denn vor ihr schwebte wie von unsichtbarer Hand gehalten, der sie zurückholen sollte in der Luft. Die Augen und Mund weit und schmerzverzerrt aufgerissen. Vor seiner Brust eine verlangende Hand, die aus der bis zur bersten gespannten eine Seele erntete. Sie stand wie angewurzelt. Das Licht das eben erst den Brustkorb entrissen war, schoss ihr stechend in Mark und Bein.

Wie eine heller Ton den niemand hören konnte, ein rauschen aus unzähligen Stimmen, das durch ihren Geist schoss und sich wie eine Springflut steigerte. Sie wollte sich die Hände gegen die Ohren Pressen weil sie fürchtete Taub zu werden. Doch sie konnte weder ihre Augen schließen, noch konnte sie auch nur ein Glied rühren.

 Das Meeresrauchen verstummte, der Sand unter ihren Füßen war fortgeschwemmt von unaussprechlichen leeren Ewigkeiten.
Doch da war eine Stimme die sich in ihren Kopf schlich. Erst konnte sie, die Stimme nicht verstehen doch dann immer deutlicher, erst leiser dann immer wirklicher werdend.

Eine weibliche junge Stimme sagte „Hast du keinen Hunger…hast du keinen Hunger…" die Stimme schien ihr zu vertraut. Langsam kam sie aus dem Ewigen in das jetzt.
Ein komischer Anblick dachte sie. Gelb, Curry, inhalierte sie. Kokos, flog eine Erinnerung zu ihr… Sie schüttelte den Rest eines leichten Nadelstreichelns aus der Ewigkeit ab. Blickte klareren Blickes um sich. Es war die heimelige Gewölbe-bar in der sie früher sooft Geborgenheit und Wärme fand.
Nicht nur für ihr Auge oder ihren Magen, sondern für ihre Seele. In einen Berg gebaut, war ein guter Kilometer über ihr der wie ein Mutterschoß die Gäste in sich aufnahm.

Einer der wenigen Plätzen in dieser kalten und kargen Stadt der einen Hauch von Frieden gab. Wer in der Stadt wohnte wusste von der Macht dieses halbmondförmigen Massives der die Stadt umringte. Er war wie eine titanische Hand, der die Welt trennte von allem was in der Unwirklichkeit der Stadt lauerte. Doch nun lauerte vor ihr nichts. Nein, es freute sich. Es war eine Suppe.

Eine Garnelensuppe, mit Kokos, Curry und einem Hauch von Chili. Es war ihre Lieblingssuppe die dampfend und wie von Zauberhand gebracht vor ihr stand. Daneben lag das alte Gummihuhn mit der Aura eines Löwen und wachend wartend. Sie bemerkte eine wohlbekannte präsent neben sich.

Es war ihre langjährige Freundin, die sie fordernd und fragend ansah. Draußen in der Welt, die ihr nun seltsam und unwirklich in Erinnerung bleichte, hatte sie oft an sie gedacht. An gemeinsames lachen, reden und weinen, an Trost und Rat. Sie tauchte den silbernen Löffel in die Suppe und begann ihre Geschichte zu erzählen. Von Flucht, von Hoffnung und von allem was bis zur Suppe in ihrem Leben war. Das ein kleines Gummihuhn mehr war als man von erstem Augenschein wahrnahm. Aus anderem sachten Schein, blitzten zwei raubvogelartige Augen aus dem Düster einer Ecke hervor.

Weiße messerscharf zugeschliffene Fangzähne blitzten durch ein karnivores Lächeln. Einer der Jäger sah die beiden an. Jene die der dämonenhafte Anführer der Mafia in der Stadt extra ausbildete.

Das Leibgeld das auf den beiden ausgesetzt war, lautete auf Tod und war ebenso höllisch hoffnungsnehmend wie astronomisch hoch. Durch das leichte Wogen der Gäste, die einen unheiligen Schrecken bekamen als sie den Jäger sahen, bahnte sich dieser seinen unheilvollen Weg. Unbemerkt von den zwei Küken. Erinnerungsstrände, unbeschwerter Spaziergang zweier Seelen. Doch aus den stillen untiefen Wellen bricht ein Raubtier das Idyll. Zieht eine der beiden nach hinten und schlägt seine Zähne in ihren Hals.

Ein unter Schock verstummter Schrei, ein verständnisblasser Blick, sie das Leben verlassend. Die andere unter Beben und Angstfluten das Weite suchend.

Zaudernd unter steinernen Körper rückwärts kriechend. Das Blut rinnt aus seinen Fängen sein Blick ist infernalisch. Fixierend. Breit aus der Hölle Seele grinsend. Aus dem Fern ist ihr es als höre sie eine Möwe rufen.

Weckt sie aus steinerner Ohnmacht wie ein klarer Quell sie von innen her mit Leichtigkeit und Leben füllen. Sie springt auf und stürzt instinktiv auf das Gummihuhn zu. Doch er war schneller und erreicht es vor ihr.

Ein schrilles Quietschen erfüllt die Panik durchwogene Halle. Stille. Wie ein eisiger Feuersturm wie die Springflut ist der Raum erfüllt mit kaltem blauen Licht. Sie spürt den Sand unter ihren Füßen, er schmiegt sich um ihre Zehen. Die Möwen singen ihr halb-hoffnungsvolles Lied. Sie steht wieder vor dem Strandhaus. Von innen her ein Schein, zwei Lichter. Aus der Brust ihrer Freundin wird ihre Seele gezogen genauso wie aus der Brust des Kopfjägers. Die Frage schwoll noch nicht da wurde sie auch schon beantwortet. Sie sah wie ihre beste Freundin mit dem Kopfjäger gemeinsame Sache machte.

Sie verkaufte für zu wenig. Der bleiche blickte sie wissend an. Der Strand war weniger kalt wie letztes mal. Sie war mehr Lebendig. Konnte einen sachten Schritt gehen. Der Bleiche befahl mit nur eine Bewegung seiner Hand und wie der Feuersturm gekommen war, ging er auch wieder. Ein leichtes unwirkliches Gefühl durchwob sie abermals. Das Stechen von tausend Nadeln am ganzen Körper. Sie saß wieder, auf einem harten Stuhl.

Abgearbeitetes Holz und emaillierte Aktenschränke auf denen Akten lagen.
Sie saß vor einem Schreibtisch.

Hinter dem Schreibtisch ein bekanntes Gesicht, doch sie konnte es noch nicht so richtig einordnen. Woher wohin.

„So meine Kleine treffen wir uns also wieder..." grinste er dreckig hinter seinem Schreibtisch hervor. „...was haben wir hier? Zweifachen Mord. Traut man dir gar nicht zu, einem so zarten Pflänzchen..." besiegelte er die Anklage. Mit einem gemein wissenden Lächeln das ihr Schicksal vollenden sollte fuhr er fort. Er nahm den Hörer ab und wählte einige Zahlen. Er lehnte sich Siegessicher zurück. Wartete kurz...

„Hallo mein Freund.
Ich habe hier ein kleines Geschenk für dich.
Deine Schwiegertochter ist wieder da....
Ja, ich weiß sie ist abgehauen...
Nein, er war nicht bei ihr...
Sie hat einen Kopfjäger und ihre Freundin umgelegt....
Keine Ahnung wie sie das gemacht hat! Meinst du das interessiert mich?
Bekomme ich jetzt das Geld oder nicht? Also, ich stecke sie jetzt ins Loch und du holst sie ab. Und vergiss das Schmiergeld nicht. Diesen Monat das Doppelte! Also...!"
der korrupte Beamte hängte auf. Mit einem hintergründigen lächeln sagte er „Man muss sehen wo man bleibt. Aber du wirst jetzt lange nichts mehr sehen...".

Er sprang auf. Packte die kleine am Arm die sich wehrte nach Leibeskräften." Du bist hier auf der Polizei! Niemand wird dir glauben!" mit diesen Worten beendete er den Ausbruch an Hoffnungsfreier Aufwiegeln. Sie gingen die Zellen durch die Büros.

Leere -wissenslose Blicke, Ignoranz. Sie war nur eine Nummer, kein Mensch. Nur ein Etwas, kein Jemand. Die Stadt war zu Groß, als das jemand sich an sie erinnert hätte. Zu viel Nebel über allen Augen und Dingen. Die Schrecken die in der unwirklichen Tiefe der Straßen lauerten waren nichts gegen dieses Mahlwerk das Bleich und Herzlos war.

Das Quietschen der Türen schnitt ihr ins Herz, durch ihre Hoffnung ihre Seele bis auf den Grund. Im Gefängnistrakt war sie nur noch Hülle. Alles wich aus ihr, und ist es noch nicht gewichen so blieb es stehen.

Es lies sie alleine da, diesen Weg gehen. Man warf alles nach ihr. Worte wie Dinge. Feste, Flüssige und unbeschreibliche. Das Wogen einer weiblichen Insassin, spitze sich zu einem einzigen Pfeifton zu der alles taub machte, was hören konnte. Die Feuchtigkeit des Gemäuers, dass wohl alles Böse das in ihm einst wohnte in sich hineingesaugt hat wie ein Schwamm, stach in ihre Seele wie ein weißglühender rostiger Speer.

Sie wurde nicht geworfen sie fiel nun wie leblos in diese Zelle hinein.

Aus den Moosen und schwarzen Schimmeln an der Wand gaffte man sie aus unzähligen ungesehenen Augen an. Ewigkeiten war sie dort, wusste nicht mehr ob es nun Wochen oder Monate waren. Die Zeit war fort genauso wie alles andere Halt-gebende ebenfalls. Sie wusste nicht ob es Tag war oder Nachts, es gab keine Fenster die in irgendeine andere Welt führten.

Nur dieser kleine Schlitz durch das man ihr das Essen brachte, dass keines war für Menschen. Gab es noch eine Welt oder war da nur noch das Nichts dort draußen.

Starb die Welt, war sie schon Tod. Sie lebte noch irgendwo, doch dieses Leben war nicht mehr hier. Es war in einem Sandkorn in ihr geschmolzen, dass wie tausend Sonnen in ihr brannte. Sonst war da nichts mehr. Nur Leere. Die sie wie ein schwarzes Loch immer tiefer in sie selbst hinein sog.

Eines Tages war da das Quietschen der Klappe. Ein dumpfes Fallen von etwas schwerem. Sie blickte durch die Finsternis die Umrisse von einem Leib Brot.

Sie Robbte zu ihm, griff nach ihm.

Steinhart.

Und als sie ihn schon wegwerfen wollte durchzuckte sie ein Gefühl von etwas das winzig aus dem Leib hervorlugte.

Gummi! Gummi?

Ja zweifelsfrei war er nur ein verschwindend kleiner Teil davon aber er war da.

Von etwas größerem. Sie vernahm die Oberfläche aus ihrer durch Düsternis geschuldeten Blindheit heraus. Es war das gleiche wie vom Gummihuhn. Sie strich über den Leib. Es war zwar finster, aber das konnte sie auch in finsterster Nacht lesen.

Es war ins Brot eingebacken „Ich bin immer bei Dir. Du bist immer bei mir" Gänsehaut überflog sie in riesigen Wellen.

Diese unheilige Zelle war gerade wie ein heiliger Stern über ihr und leuchtete wie gleißendes Licht aus ihr heraus. Sie kratzte und feilte an den Wänden. Die unheilige Feuchte tat ebenfalls ihre Arbeit. Stunde um Stunde, Tag um Tag saß sie in der Ecke und arbeitete daran. Ein Fuß, dann ein Bein.

Und als sie es fast greifen konnte um es zu drücken, hörte sie hinter sich plötzlich die Türe. Sie vernahm Zigarrenrauch, einen den sie nur zu gut kannte. Ein Gestank der sie zusammenschrecken ließ, wieder in sich hineinfallen. Ihr Schwiegervater, der damals ihren Mann umbrachte. Sie waren aus der Hölle der Stadt geflohen um sich ein Leben aufzubauen. An einem Strandhaus.

Man fand sie, brannte das Haus mitsamt allen Hoffnungen nieder. Darin angebunden und lebend den Flammen übergeben ihr Mann und ihr Kleinod das da in diesem Brot war. Sie hörte höhnendes sachte lachen und das metallische klicken eines Pistolenhahnes der gespannt wurde. Sie riss das Brot hoch in die Luft um

es zu zerschmettern, da durchstach ein bellender Knall die winzige Zelle. Die wand schimmerte im Rot, sacht spürte sie das Leben aus ihr weichen. Das Brot fiel ihr nach hinten aus den Händen, es zerbrach und legte das Kleinod frei. Sie fiel das Leben aus sich weichen spürend, nach hinten um. Alles sah sie, die Gestirne alles was wuchs und auch nicht wuchs in diesem schwarzen Kaleidoskop. Es waren alle Farben, alle Formen und alle Töne die in perfekter Harmonie ihr bestes Konzert aus diesem einen endlosen Moment des Sterbens machten. Es war wie ein unendliche Symphonie aus allem das aus dem Nichts heraus Welten zeugte und sie gleichzeitig in ewigen Feuerstürmen die von innen nach außen brannten vernichtete. Dann war da, die Sonne eines Tones. Eine Sturmflut aus Blau das nun alle Farben in sich sog. Sie spürte warmen Sand unter ihren Füßen. Der Wind spielte mit dem wunderschönen roten Sommerkleid und ihrem Haar. Jemand nahm sie bei der Hand und sie war wieder Zuhause. Er erfüllte ihr innerstes mit der Wärme aller Sonnen mit seinem Lächeln und dieser einzigartigen Vertrautheit. Sie standen Ewigkeiten dort und werden auch noch Ewigkeiten dort wohnen. In der Ewigkeit der Hoffnung....

Wolfsmond

Über den nebelnumwobenen Gemäuern der alten Stadt, thronte hoch am Himmel, der unheilig lachend goldene Vollmond. Ständig lag sie in dieser feuchte. Mal sichtbar mal gefährlich lauernd unsichtbar. Wie fahle Ädrigkeit lag sie lauernd in den Mauern der weitverzweigten Straßen. Sprang den Menschen die in ihr lebten wie ein Raubtier in die Herzen um sie zu zerfleischen.
Wenig ließ es übrig. Nur das karge messerscharf zerklüftete Gebirge, das wie die Hände einer alten Mutter in halbmondförmiger Umarmung ihr Kind schützte, stand unverrückbar bang blickend hoch. Mehr die Welt als die Stadt schützend. Menschen wandelten wie der allabendliche Nebel aneinander vorbei. Einer von ihnen war Jack. Er kam seinem einsamen Bürojob in seine kleine Mietwohnung nach Hause.

Stumpfer eintönig abtötender Scheißjob. Aber man gewöhnt sich an alles. Sein Ritual diesen Abend, wie jeden anderen Abend auch, mit seinem Hund nach der Arbeit spazieren gehen. Der silberne Verschluss klickte metallisch.

Die Jacke ließ er immer gleich an. Um sich und das was wie ein kleines Flämmchen in ihm brannte zu schirmen. Die schwere Holztüre seiner Wohnung fiel dumpf ins schloss. Die kurzen Krallen seiner Hundes klackerten Rhythmisch mit dem dumpfen Knarzen des hölzernen Treppenhauses.

Als er hinaus auf die Straße trat um sich der nebligen Feuchte der Luft abermals auszusetzen, war ihm nicht aufgefallen das er so gut wie alleine auf der Straße war. Jeder der hier ebenfalls wohnte wusste das es einem Todesurteil gleichkam. Wobei es aber vielmehr eines für Herz, Verstand oder Seele war als ein körperliches Ableben.

Es war als würde man etwas unterschreiben. Einen Pakt mit der Stadt selbst, sobald man hierher zog. Als ob sie auf einen blickte, jeden deiner Schritte verfolgte. Aus den schwarzen Gassen ihre unzähligen unmenschlichen Augen auf dich und was immer in dir wohnte warf. Um mit dir zu spielen, dich zu verschlingen und bei lebendigem Leibe zu verdauen. Nur um dich durchzukauen und dich neu zu gebären.

So Raubtier wie sie war, so war sie auch eine Mutter. Sie schien dich aus den Verwinkelungen heraus zu haschen, nach dir zugreifen. Alles griff nach einem, denn alles wohnte hier. Das Beste wie das Schlimmste.

Schicksale und Flüche. Spät war es. Zu Spät. Als Jack mit seinem vierbeinigen Gefährten die Straßen entlang schritt, schien es so als ob der Ort die Menschen um ihn herum verschlang. Sie in Ungewissheit verschwinden lies. Als wären sie in einen unsichtbaren Abgrund gestürzt worden. Fremde um Fremde. Namenlosigkeit um Namenlosigkeit. Bis nur noch die beiden übrig waren. Stille um sie herum wuchs. Sie breitete ihr schweigen wie die Schwingen eines Aasgeiers über ihnen aus. Auch wenn es Finstere Ecken um sie gab, die sie aus verdrängten Gründen absichtlich Ignorierten, wurden sie von dem was in ihnen lag nicht ignoriert. Ein huschen und haschen, fast zu leise. Es war nicht in den Straßen vor ihnen, die silbrig vom Mond erhellt sicher dalagen.

Es waren die Stellen die dem Licht des Mondes flohen und was sich darin verbarg. Jack wusste darum. Er versuchte nicht daran zu denken und verlor sich im vergessen.
Es fraß in ihm und an ihm. Immer weiter, immer mehr. Normalerweise funktionierte es, wie alle Jahre davor auch, das er das was an ihn Schritt von sich wies. Einfach mit seinem Begleiter seinen Weg machte, um sicher wieder Zuhause anzulangen. Doch dieses was um ihn war trat an ihn heran.
 Die Straßen verengten sich immer mehr.

Sie wurden ihm fremder und fremder.

Es war als ob der Ort selbst zwei gigantische Daumen an ihn legte und mit jedem endlosen Moment mehr und mehr ihn und dieses kleine Flämmchen in ihm erdrückte. Nun war ihm die Gegend völlig Fremd geraten. Panik umschlich ihn und blickte von jeder winzigsten Unwirklichkeit, die er in allem fand an was er seinen Blick band,
wie ein ungesehenes brennendes Augen auf ihn zurück. Von jedem Winkel aus sah er sich nun angesehen. Es schnürte ihn die Luft ab.

Er beschleunigte immer nervöser werdend seine Schritte. Seine Blickte huschten immer panischer und wie gejagt von Ecke zu Ecke. Von Stein zu Stein. Alter Stein, wenn er nur Reden könnte. Ihm Auskunft geben.

Ihn den Weg mit seinen alten Weisen Eremitenhänden den Weg in seine Heimstadt zeigen. Doch die Mauern schwiegen als würden sie schreien. Als wüssten sie was kommt. Sie sahen bereits alles und noch mehr. Auch dies sollte einer der stillen starren Momente werden die der unwirkliche Umstand in sie binden wird. Nur sie als Zeuge, ewig fortbestehend. Dann als ob das markerschütternde Kreischen eines Raubvogels die Herzen jedes Beutetieres zerriss, stockte plötzlich der Hund.

Der Vierbeiner blieb stehen und starrte, erst unbemerkt. Doch als die Leine Spannte wurde Jack aus seiner Hypnotisierung zurück in den Moment gerissen. Er schwieg weil diese unbenannte Ewigkeit in ihm so laut schrie und alles zum verstummen brachte. Wie ein Pfeifton der an diese eine Sekunde gekettet war und alles zum schweigen brachte was in sich einen Ton trug. Er zog an der Leine und wollte seinen Hund zum weitergehen zwingen und auch sich selbst über die Situation belügen als wäre er nicht Hoffnungslos verloren. Er spürte es, weil es in ihm zu laut schrie und alles übertönte.

Jack erstarrte und konnte sich noch nicht einmal bewegen als sich sein Hund losriss und so schnell er konnte davonlief. Er hörte hinter sich ein schweres schnauben das aus der Finsternis der Seitengasse an ihn herangetragen wurde. Seine Blicke und alles an ihm suchten halt, doch den einzigen den er zu finden schien war hinter ihm, den alles andere zerfloss in Unwirklichkeit.

Langsam drehte er sich um und sah noch ein rotglühedes Paar Augen, dann einen zerfetzenden Sturm aus Klauen und drahtigem Fell. Dann schwarzes schweres Nichts in den ungesehenen Weiten dieser Nacht. Geheul in kargem Gebirge.

Pelz, Pranken. Augen die in die seinen Blickten. Haut samten seidig.

Stumme Stimmen die über stummen Lippen gewispert wurden. Schwere auf seiner Brust. Erinnerungsfetzen aus ewig vergangener Zeit. Frauen, Kinder, ganze Familien. Tränenschwere Augen. Leere Blicke die an entrückte Gedanken traten. Sturm.

Dieser endlose Sturm der in ihm flammte. Zu viel, viel zu viel. Alte Häuser, neue Namen, alte Stimmen, andere Gesänge.

Solche weiten die an ihn brandeten. Augenpaare die endlos Erhaben und Geborgenheit gebend in die seinen Blickten. In ihn, sein Herz und seine Seele.

Bis hinab in die Tiefen dieses Grundes.

Dick rann das Blut an zersplittertem Glas herab, vermischte sich mit dem weiß goldenem Glühen eines allerersten Vollmondes. Schnaubend, knurrend, sang das Geheul mit Meeren aus Atem der in Nebelschwaden verwandelt in die Nacht gesandt wurde. Gefühle wie Donnergrollen das in ihm in Fleisch und Blut überging.

Auf und in ihn gebrannt wurde.

Zu unbrauchbar Richtig und allzu Fremdvertraut.

Dann fiel er.Tiefes fallen, langes fallen.

Endloses schweres schweben zurück ins Bewusstsein.

Wie blitzerne Speerstöße fuhr das schwärzesten Finsterweben aus den Ecken seines Zimmers ihm durch Mark und Gebein. Alles was erhellt war lag in einer Schlacht aus Schlag und unheiligem Licht. In blutglühernder Ouvertüren meißelten Ozeangleiche Regentropfen schreiend an die scheinbar zu sachten Fenster.

Das unwirkliche Leuchten des unheilvoll schweigend jedoch stumm schreiend Versprechenden roten Kreuzes, dass wie ein fehlgeleiteter Wächter in der Höhe des Heilhauses prangte, stand mit masochistischer Aura schweigend da. Blickte auf ihn hernieder. In ihn hinein, auf sterbende Teile auf unsterbliche Teile.

Auf Totes und neugeborenes. Auf den alten menschlichen der zitternd in ihm in einer Ecke kauernd sich an sich klammerte und darum flehte da zu bestehen bleiben.

Und das andere.

Das über dem Stand und in ihn hinein gebunden wurde. Es war nur als Ungewissheit vorhanden. Als nebelige Starrheit die hinter ihm allgroß lauerte.

Um ihn schlich und mit seinen roten glühenden Blicken ihn von innen her zerfraß. Er konnte sich nicht bewegen.

Er war schwach. Hörte das Pfeifen von Geräten und das maschinelle Atmen.

Sacht bläuliches Licht und dumpfe Stimmen traten an seine Sinne die im außen lagen. Sie waren das einzig sichere und greifbare für ihn. Er verstand nur Wortfetzen „...Wunder das er überlebt hat...".

Was hatte er überlebt. Er spürte und hörte seinen Atem. Stechende Schmerzen in einigen Teilen seines Körpers. Nur das war alles unwirklicher und verschwamm viel zu sehr. Sein Kopf drehte sich. In ihm hämmerte es. Erinnerungsfetzen brachen in sein Bewusstsein, solche die nicht ihm gehören konnten. Andere die ihm gehörten ergänzten diese. Was waren die seinen und welche nicht? Er konnte sie nicht mehr unterscheiden. Sie waren alle viel zu nah und viel zu real für ihn. Stille kam über das Zimmer. Der Regen hatte nach Stunden aufgehört an die Scheiben zu donnern.

Es war ein anderer Tag an dem es regnete. Wie lange war er schon hier? Er versuchte sich daran zu klammern was für eine Jahreszeit war, welchen Monat, welchen Tag. Aber es war genauso hoffnungslos wie vieles andere in seiner bewegungslosen Einsamkeit. Er lag schwer da. Konnte sich nicht bewegen. Er war bei Bewusstsein. Aber das war auch schon alles. Er klammerte sich in starrer Verzweiflung an alles was ihm sicher und greifbar schien.

Seine Stille griff ihn an und wurde von Stürmen aus finsterem Chaos zerrissen. Brüllen und fauchen von Dingen die seinen Geist zerschnitten bis in die Tiefe seiner Seele drangen. Aber war das noch seine oder wurde sie von etwas anderem verschlungen? Die ratlosen Ärzte wunderten sich über seine schnelle Genesung. Sie gingen vom Angriff eines Berglöwen aus oder einem vergleichbaren Raubtier. Er schwieg über vieles was durch seinen Verstand jagte und ihn jedes mal erneut auffraß.

Ungreifbar für ihn und aus den dunklen Ecken in ihm um ihn schleichend. Schweigen und innerlich schreiend wandelte er durch die Straßen. Unwirklich nach etwas suchend das ihn längst gefressen hatte. Verzehrt hatte es ihn und ausgespien. Er wandelte durch die Tage und den Menschen her.
Und suchend, nach Antworten die er jedoch bereits wusste. Ohne Worte standen sie da. Blickten auf ihn herab mit erhabenem Blick. Es lachte lautlos und mit aufgerissenem Maul. Er blickte sich in den Spiegeln an. Narben Glänzten auf seiner Haut, als wären sie etwas heiliges. Lang blickte er sich an. Und es war ein Abgrund der allzu nah in ihm sprach. Erkannte jedoch weder Stimme noch Sprache. Starres langes Aug in Aug stehen. Mit sich und dem anderen in sich.

Dahinter war es. Hinter seiner Menschlichkeit. Sie starb an was auch immer und wurde unwirklich Fremd wiedergeboren aus was auch immer.

SCHATTEN

Ich wurde nicht für diese endlichen Wesen geboren. Manchmal frage ich mich warum ich der letzte der Ersten bin. Und auch wann es mit meiner Unendlichkeit in den Sand übergeht auf dem die Weberinnen stehen. Schwarzer Sand. Ewiger Sand. Wüsten davon. Aus Knochen und Erinnerungen als es noch keine gab. Ich kenne diese Zeit noch besser als die in der ich nun bin. Zwischen diesen allen her existiere. Ich sehe sie an und jeder denkt er wäre ein Teil von etwas. Ich lache darüber. Diese Welt neigt sich dem Ende wie alle davor. Es liegt in der Luft wie all das zuvor. Es ist wie ein Fieber auf der Seele von allem was ist. Es wird heißer und heißer, bis der Tag kommt an dem das alles abermals verglüht. Ich kenne diese Tage.
Ich spüre sie aus Erfahrung. Sehe sie schon aus Jahrhunderten auf das Jetzt zurasen. Wie einen mauergleichen Sturm. Und alle versuchen dann, sobald sie den taub machenden Schrei der Gezeiten hören, das was kommt abzuwenden. Aber warum sollte man eine Welt retten die tief im Grunde alle ablehnen? Es gibt hier mehr Gründe in den Wesen, als Wege die sie gehen könnten.

In jedem einzelnen. Und während ich meinem täglichen Geschäften nachgehe, die im Grunde genommen zu taub machend geworden sind, erinnere ich mich noch an all das was wieder sein wird. Den neuen Anfang. Die Frische des Atems der Lüfte.

Die Gedichte die der Winde schreibt. Das Lied der Bäume. Das Liebkosen zwischen dem Wasser und einem Fisch. Sacht und wundervoll. Und dann beginnt es zu welken. Mit der ersten Welke, die genauso wundervoll ist wie jedes andere Lied, vergeht alles wieder. Diese neue Welt. Genauso wie all die anderen davor und auch all die die noch kommen werden. Ich habe das schon viel zu oft geatmet.

Neue Winde, neue Lüfte, immer anderes Leben. Jeder von ihnen denkt nur weil sie hundert, tausend oder hunderttausende Jahre auf dem Buckel haben seinen sie alt. Oder hätten eine Berechtigung fortzubestehen. Irgendwelche Sonderrechte. Ich habe nie mein Alter ermessen.

Weil es für meines keine Maßeinheit gibt. Aber ich habe ebenso wenig Berechtigung wie ein neu geborenes Kind oder ein frisch gelegtes Ei. Niemand hat die. Es gibt Gesetze die für alle gelten ob man das nun wahrhaben will oder nicht. Gesetze der Natur selbst. Und das ist alles Natur.

Wir sind nur Teil davon. Mein Schöpfer ist Natur. Aber selbst er folgt diesem Gesetz.
Ist ihm unterworfen wie all die anderen in all diesen Welten. Es gibt davon viel zu viele. Ich habe sie alle besucht. Keine ist mir Fremd. Und es ermüdet mich all das gesehen zu haben. In all der unermesslichen Wege meiner Existenz. Zu wissen, dass ich in all diesen Welten der letzte meine Art bin.
Ich bin ein Schatten. Wir sind die ersten Wesen die erschaffen wurden. Viele sind zu dekadent geworden um das höchste an allem ihren Tribut zu zollen.

Doch gefordert hat es ihn ohne Gnade.
Und weil es diesen Tribut forderte bin ich der letzte. Weil ich ihn immer geleistet habe.
 Es ist mir angeboren, liegt in meiner Natur. Ist mir in Fleisch und Blut übergegangen. Auch nur der Gedanke gegen diesen zu verstoßen lässt mich in die tiefen meiner Seele schaudern. Es ist wie ein heiliger Blitz in mich, der mich erinnert wer ich bin.
Für was ich alles geschaffen wurde.
Aus welchen Gründen. Ich tue meinen Dienst und Diene mit meinem gesamten Selbst. Ewigkeit um Ewigkeit. Doch alles und alle sind mir nur ein wispern im Wind. Menschen noch nicht mal das. Eine Ansammlung von Dekadenten und Kurzsichtigen kleinen Wesen.

Sie denken die Welt würde ihnen gehören. Das Denken sie schon immer. Sie denken sie würden glorreiche und edle Taten vollbringen und wissen doch gar nichts. Blind und taub stolpern sie durch ihre Existenz und noch nicht einmal dicht an uns vorbei. Sie würden diese Welt und alle anderen nicht mal erkennen wenn sie als zweiter Kopf auf ihren Schultern gewachsen in ihr Ohr schreien würden. Sie haben ihre Herkunft vergessen, wer sie erschaffen hat.

Mit wie viel Liebe, Umsicht und Zartheit. Gewiegt in einer Welt die noch kein Alter hatte. Und ich kann aus Erfahrung sagen auch nie ein Alter haben wird. Es ist egal ob sie nun gleich nach der Geburt sterben oder von den Weberinnen einen Platz für mehrere Jahrtausende zugewiesen bekommen.

Ich habe ihren Untergang gesehen wie ich seinen Anfang sah. Aber auch das haben sie vergessen. Den Anfang ihres Endes.

Und auch wenn sie sich für das glorreichste und willkommenste Volk auf der Erde halten. Ihr Ende ist weder das eine noch das andere. Wer meine Welt auch nur erahnt und nur von ihm angehaucht wurde weiß, wie klein und unbedeutend er ist. Und die meisten reinigt dieser Schock. Sie werden wieder wie kleine Kinder und sind dankbar für alles was sie haben dürfen. Andere verdrängen es und frisst sie dann von innen her auf.

Ganz einfach weil die meisten in einer Welt leben die sie Leer gemacht hat. Sie haben nichts mehr in sich. Keinen Sturm, kein Feuer. Sie sind nur noch leer. Und das ist das traurigste daran. Diese Welt kann eine Seele erfüllen mit allem und noch mehr.

Und wenn sie das tut kann es das Wesen in dem diese wohnt zerstören oder zu neuem Leben verhelfen. Und irgendwie ist es so als würde all das in mir wohnen. Einfach weil ich viel zu alt für all das geworden bin. Viel zu Müde für das Bunte vergehen. Für den farbensprühenden Pürierstab von alle dem. Und dann ist dieses Gefühl von der Zeit selbst vergessen zu sein. Und von der Ewigkeit verstoßen in sie selbst hinein.

Aufgesogen wie eine Flüssigkeit in einen Schwamm. Ohne Gewicht, ohne Körper. Liebkost von der Endlichkeit der Dinge und Existenzen. Als ginge das alles mit mir schwanger. Als würde ich erst geboren werden. Als wäre ich noch niemals geboren worden. Und alles das was ich so auf meiner Stille trage sei ohne Gewicht. Aber genauso zieht es mich endlos schwer hinab.

In die Tiefe. Auch wenn mir bewusst ist das all das was dort unten ist harmloser ist als ich. Unbenannt starrt es mich an.

Aus all seinen Winkeln lauert es.

Und wenn es mich erinnert das es mich fürchtet, sage ich ihm das es das einzige ist was mir in dieser Existenz noch am ähnlichsten und Verwandtesten ist.

Nur dieses ist mir ein Bruder oder eine Schwester. Vielmehr ein geschlechtsloser Klon. Der mit mir in all dem Existiert.

Neben mir her. Mich immer anknurrt nur um sich im nächsten Moment an mich zu schmiegen. Nur um mir im nächsten Moment das Herz zu zerfleischen. Es ist wie ich.

Tag ein Tag aus nehme ich das Leben von staubigen Existenzen. Von jenen die ein Gleichgewicht stören das nur einen Wimpernschlag währt. Noch nicht mal diesen. Unmerklich für mich ist diese Ewigkeit und die das Stille Regelwerk darin.

Es ist unmerklich weil es für mich unbedeutend ist. Weil ich schon zu viele kommen und gehen sah. Die größten und wundervollsten Reiche sind mir wie Sand im Wind. Und die Milliarden und aber Milliarden ihrer Heere werden zu Asche in der Hitze dieses Lufthauchs. Ich habe das schon zu oft gesehen. Es ist mir viel zu altbekannt.

Und während ich mich an das klammere das in mir geblieben ist, entrinnt es mir auch. Versteckt sich in mir wie in einem Labyrinth. Spielt mit mir.

Das einzige das mit mir so etwas unheiliges machen kann. Ich greife sein Gewand und greife doch nur ein Blatt der endlosen Mauern aus Lorbeeren. Ich hasse sie nicht. Ich verachte sie. Und dann lacht es an mich, ist mir wieder entkommen. Die Jagd nach dem letzten Leben in mir.

Nach dem bekannten Antlitz von etwas das mir Vertraut ist. Alles andere ist nur ein Schatten. Ist für mich ein ungreifbarer Nebel. Ich greife hinein und es ist nichts da.

Alles ist ungesunde Feuchte für mich der ich nicht Krank werden kann. Und zu gleichen Zeiten reinigt es mich. Verwandelt mich. Hinter alle dem spüre ich die Schmiede der Endlichkeit mit den Hämmern der Endlosigkeit an mir zu arbeiten. Mich zu härten und zu veredeln. Ich bin wie in einer Hülle gefangen. Eine der Zeitalter und Gezeiten. Alles rührt mich nicht mehr.
Doch die Augenblicke springen an mich wie Klingen. Winzig doch sie schneiden tief und lassen mich bluten. Mich erinnern das ich am Leben bin. Ich spüre Dankbarkeit in dieser Winzigkeit. In nur diesem einen Nadelstich der mich rührt und mich Leben lässt.
Die richtigsten Punkte von allem trifft.
All die titanische Winzigkeit macht mich Glasklar.

Zusammen mit allem was ich weiß und bin macht mich das zu einem durchsichtigen Gebirgsmassiv. Auch wenn man hindurch blicken kann, es gibt immer etwas das all das Licht am Staub des Lebens reflektiert, die die mich anblicken blendet.

Es stürzt alles in mich auf einen einzigen Punkt. All die Klarheit und diese titanische Segnung meiner ewigen Existenz.

In mich kleiner, als auf die Spitze einer Stecknadel. Alle die diesen Punkt sehen verstehen ihn nicht. Wie könnten sie, es ist mein Punkt. Auch wenn ich all das Ende absehend spüre, fühle ich in die letzte Faser meiner Existenz, dass ich für all das gemacht worden bin was nach dem kommt was nach alledem ist. Ich schweige darüber zu allem und jedem. Ich lasse alle ihr tägliches Geschäft verrichten.

Wobei es aber völlig egal ist ob es stündlich, täglich, hunderte oder tausende Jahre dauert. Es ist mir alles gleich an Zeit und Fassbarkeit. Nun da ich aus diesem Fenster blicke weiß ich, dass ich die Sonne bin und auch in jeder Feder im Gefieder der Vögel, denn all das trägt einen Teil meines Herzens in sich. Sie sprechen mit endlos lauter Stimme zu mir, die keiner außer mir hören kann.

Da ich diese Stimme immer lauter vernehme, höre ich auch eine weitere die mich ruft. Sie sagt mir etwas das mir durch alles bereits gewiss ist. Ich bin die neue Ewigkeit.

Das weiße Weit

Das Weiße lag weit in den Spitzen der Höhen. Lang unberührt von jeglichen Fuß und aller Hand. War es Winter geworden?
In der Zeitlosen Stadt war nie Winter, noch war es Sommer. Das einzige was sich flehend durch die schweren Wolken zwängte war das karge Licht des unheilig goldenen Mondes. Auf den Zerklüfteten Spitzen des Kesselgebirges, lag fast das ganze Jahr eine stumme beständige Schneedecke. Unberührt. Rein und in heiligem Glanz scheinend, als ob das kein Schnee wäre, sondern die letzte Hoffnung aus den Herzen der kargen Seelen. Jeder einzelnen dort unten in den unerahnbaren Tiefen. Frieden war's auf den offenen Feldern dieser Höhen. Lauernde Ruhe. Ein weißer Gesang von Wind schritt durch die scharfen Altäre der steinernen Schwertgleichen.
Als ob selbige den Himmel wehrten. „Hier oben ist es noch namenloser als im Tal" fieberte es einem Einsamen durch die Gedanken als er knirschenden schweren Schrittes durch die Schneefelder watete. Wirkte auf eine eigene Art Geborgen, doch gleichzeitig zu verloren. Es war völlig egal ob es Tag oder Nacht war.

Die Felder stießen an einen, tief in einen hinein. Der Schnee hat seine eigene Tiefe in sich. Suchenden Blickes trieb der Wanderer immer weiter voran. Etwas zog ihn immer fort, wie ein Feuer das in ihm brannte, ihn von innen her verzehrte. Es waren Erinnerungsfetzen, die er viel zu oft versuchte in Alkohol und allen möglichen anderen Stoffen, aus sich zu bannen. Es wog zu schwer in und auf ihm.

Es war ihm ein aufzehrender Krieg.

Etwas hatte ihm seine Frau und Kinder genommen. Ein Wesen von hier oben. Groß, grausam und gefräßig. Es suchte die Eisweiten und scheute die unwirkliche Bedrücktheit der Stadt. Oder die Stadt das, was auch immer hier oben war.

Er spürte seine Blicke wie Dolchstiche auf seiner Haut brennen. Irgendwo saß es und beobachtete ihn. Wartete nur auf den richtigen Moment. Wenn die weiten ihren Preis von ihm forderte. Den letzten Preis. Doch diesen Frieden hatte es nicht.

Noch nicht. Festen Blickes stemmte er sich gegen die schneidenden Winde und die blind machenden kristallenen Weiten. Er war ein Getriebener. Als ob das was Rache schreit in seiner Seele seinen Körper erfüllt, ihn wie mit einem heißen Wind vorantrieb.

Über eine See aus einem Aufschrei der ihn aus seinem Schlaf riss. Das seither in Mark und Bein festgewachsen war.

Weiter immer weiter. Tobenden Schmerzes an seinen Gliedern, Erfrierungen. Die jedoch von dem was in ihm stürmte allen Gefühles enthoben war. Stundenlang, Tage. Und dann war es keine Zeit mehr. Es war etwas darüber und dahinter. Die schweren schwarzen Felsspitzen blickten voll hohn auf dieses kleine Fleischliche. Hielten sich jedoch auf Abstand als ob sie den Weg nicht stören wollten. Schatten riefen ihn, die einen in ihm die anderen an ihm und um ihn herum.

Sie riefen zur Umkehr und winkten mit ihren dürren Ärmchen die lediglich Schatten von vereinzelten Pflänzchen waren. Als wollte ihm alles was hier oben ist und war zurufen. Tauben Ohres schwebte er weiter an allem vorbei was an Poltergeistern am Berg und seinem Herzen zerrte. Sie waren ein stummer Fluch. Machtlos gegen solch einen Sturm, solche ein schäumende See.

Seine Knochen waren wie eine Galeere.

Der Sturm in seinem Herzen Spannte seinen Willen wie der wildeste Sturm der ungekannt von allen anderen gemieden wart. Und er segelte über dieses Meer. Stille Gischt.

Die Sonne stach nie, noch segnete seinen Blick der Mond. Weiter immer weiter, bis...

Fußspuren vor ihm.

Er fiel nieder.

Der Sturm in ihm schwang um, als stünde er kurz vor seinem Höhepunkt.

Heißer noch wilder. Seine Gesichtszüge zuckten unmerklich. Sein Blick bebte leicht, verfolgte mit einem verfluchten Grinsen in ihm, die Brotkrummen weiter. Hin zu einem der steilen Felsspitzen die in Stille an ihn schrien, er solle Umkehren. Da eine schwarze Höhle die ihm wie ein Leuchtfeuer in einem Sturm vor der Küste war.

Es schleppte sich weiter und weiter an sie heran. Immer Näher und Näher. Tief und schwer sanken seine Schritte ein.

Ein Schneesturm kam auf. Der schneidende Wind blies ihm den Schnee wie skalpellartige Hagelkörner ans Gesicht. Als er durch dies geißelnde durch sich trieb, war ihm so als sehe er ein unheilig goldenes Glänzen.

Etwas aus bekannter Friedenszeit das ihn wie einen Fluch rief. Ihn zu sich rufend zog. Ihn dem fleischlichen noch mehr entrückte. Leuchten, goldnes Leuchten. Rief ihn altbekannt, an seine Seele sein Herz.

Lies ihn lang Vergessens spüren. Alte Geister die ihn ach so lange quälten. Sank weiter hinfort, immerfort dorthin zum goldenen Gleißen. Kleinstes Licht aber doch Sonnengleich in dieser Bestie Sturm.

Der Wind war ihm ein Schreien an seinem Leib und Hielt ihn ab von sich und allem was da gerade begann kleinst zu Flammen.

Zu Quälend brennend zu ihm zu sprechen. Mit alten Zungen an ihn zu rühren. Lies ihn brennen von innen her. Wüste war vergangen, er fiel und streckte lang den Arm. Es war am Höhleneingang ein goldener Ring der Ehering seiner Frau. Sah ihren Namen ihr Lachen im Sommersang. Das Licht ihr weiches Gesicht streicheln. Alte Geister schnürten ihn und ließen ihn zu schwer atmen in diesem kargen Königreich.

Lange Momente sah er ihn an. Der Abgrund trat an ihn, doch war er ihm nicht mehr fremd er sprach zu ihm. Trieb ihn hinfort weiter in die Höhle hinein, Wahrheit zu tun, zu sehen und zu spüren. Das sie ihn erfüllte für alle Zeiten. Schwere Schritte, die schwersten die er je tat. Sie rührten ihn durch und durch.

Schatten in der Finsternis wurden ihm immer klarer. Kleine Wesen, Pelzig unbeholfen. Kauerten sich aneinander. Murrten in ihrem Ruhen. Zuckten sacht in ihrem Schlaf. Gurrten von etwas ihm fremden. Er holte das was ihm Frieden bringen sollte hervor und wollte sich den Frieden bringen.

Innere Stimme sprach Altbekannt und klein wie süßester Wind zu ihm. Sah seine Tochter flehend dort stehen und um das Leben von dem Flehen was ihr das Leben nahm.

Er zögerte. Stürme an Hitze, Verzweiflung und Wut über ein Gefühl absoluter unbrauchbar Richtiger Lebendigkeit flammten wie Feuerstürme in ihn auf und verzehrten alles an ihm. Tränen liefen ihm heiß über die Wangen. Zitternd brach er in sich und auf den Boden. Lies fallen die Waffe. Metallisch schlug sie auf. Ewigkeiten war ihm was Moment hieß. Weit weit weg war er an Sommertagen. An anderen Tagen, an Süßen warmen Stunden.

Süßem Blühen, ewigen Farben, Alllebendigkeit hießen sie. Lachen war in ihm. Und vergaß, doch nicht für lange. Etwas schlich hinter ihm und riss ihn aus goldenen Geistertagen. Er wand sich um.

Schwarzer Schatten. Riesig nahm er die Höhlenwand ein.

Die ungesehenen Flüsse

Wie ewige Himmel aus unsichtbarer, lauernd, flehend Augen Blick, ist weit das Feld aus Onyxfliesen in der Eingangshalle des Magistrates. Eilendenden Schrittes flog ein Novize über diesen schwarzen See.

Festen Fußes und besorgten Blickes, schickte er sich an so schnell wie möglich den Magistraten zu erreichen, der nach ihm geschickt hatte. Der Boote klang besorgt, hatte etwas schreckhaftes in seinen Augen. So kurz vor seinem nächsten Schritt auf der Leiter der Beschwörer mit gleich welcher Aufgabe betraut zu werden hatte eine Doppelschwänzigkeit. Einerseits war es die allerhöchste Ehre, einer der aller seltensten Fälle, vom Magistrat direkt ausgesucht zu werden. Andererseits hatte er bald die Prüfungen und musste noch unzählige schwerverständliche Bücher wälzen.

Stoff den er nicht mehr aufholen konnte, gleich was es für eine Aufgabe auch sei. Denn eine solche war zumeist mehrere Wochen und Monate lang.

Würde er ablehnen würde er den Leiter der Schule beleidigen und dies würde sein Ende bedeuten. Nahm er an schaffte er den nächsten Schritt nicht und alle lernen war

umsonst gewesen.
Denn manches kann man nur zu einem bestimmten Lebensalter erreichen, einige Initiationen nur einmal im Leben durchführen. Was war es?

Wie mahnend stand die schwere Holztüre zum Magistrat, als er sie erreichte.
Sie schien ungehört zu singen. Dunkle und alte Lieder von den Taten derer die hinter ihr über Jahrhunderte ein Zuhause fanden. Legende war im Raum und alles rief aus allen Zeiten einem entgegen. Mal flehend, mal schmerzvoll, wahnsinnig und hohnvoll lachend. Die Mauern hatten so viele Augen gesehen und wurden von so vielen geblickt das sie ihn nun zu beobachten schienen.
Die Stimmen aus alten und kommenden Zeiten traten ungehört und schwer an ihn heran. Er überwand das unheilvolle Summen in sich und wie in Trance hob er die Hand und klopfte fast unbewusst. Er schrak auf, als er das dumpfe Klopfen vernahm, dem er, wie Hypnotisiert, Leben geschenkt hatte.
Es war bestimmt nur einen Moment, doch dieser war keine Zeit. Es war wie ein Gefängnis aus einem tiefen Labyrinth in sich.

Die Antwort, die er erwartete, schien ihn wie ein gehörntes Untier in ihm zu jagen.
Hitze und Kälte stiegen fiebernd in ihm hoch.

Formten dumpfe Schwere in seinem Geist.

Als würde ungezählte Schwärme an Fleischfliegen, gleichzeitig in seinem Kopf, mit nur einer Stimme Summen.

„Herein!" Wie Dämme brach ihm diese Antwort, die deutlich von der anderen Seite der Türe an ihn trat. Eine Schwere starb, eine andere Lebendig. Er sah sich die Klinke nehmen. Spürte das Kalte in seinen Fingern wie es in Kälte schwere annahm und in Bewegung geriet. Taub wurde es ihm, ganz stumm. Er vernahm nicht das Ächzen am alten Holz, noch das sachte Seelenbrechende quietschen. Als ob es in ihm schon schrie und alles andere zur Stille befahl.

Nun war es wirkliche Unwirklichkeit.

Er trat in den Raum ein, der sich wie eine neue Welt offenbarte. Groß, weitläufig.

Am anderen Ende ein hohes Fenster mit dem einen Zeichen, dass ihn einst rief. Davor ein alter schwerer Tisch, dahinter stand am Fenster in den Hof hinabblickend...

„...Mein Magistrat..." fing der Novize vorsichtig an „ihr habt mich rufen..." doch die hochschnellende Hand des Magistraten lies ihn verstummen. „Kommt her." antwortete ihm dieser mit fester tiefer Stimme und winkte ihm leicht. Der Jüngling gehorchte blind und ungefragt. Jeder Schritt schien ihm unwirklich in diesem Raum zu dieser Zeit. Zu allen Zeiten....

Er traute sich nicht weiter als vor den Tisch, blieb stehen. „Nein Novize, zu mir ans Fenster!" befahl er ihm der Alte ohne sich umzusehen. Dieser gehorchte, innerlich immer kleiner werdend. Er wusste nicht sollte er aller Hitze oder aller Kälte in und an sich fühlen. War es Ehre oder Strafe. Warum? Nun stand er neben dem Schulleiter, dieser hatte einen festen Blick auf die Schüler auf dem Hof. Beobachtete sie, musterte sie. Ernstes Zucken durchflog gelegentlich seinen Blick, als er sich bemerkt wusste. „Nun mein junger Novize, was seht ihr dort unten?" waren die ersten Worte die er an den nun neben ihm stehenden richtete. „Mein Magistrat, es sind meine Mitschüler. Manche weiter als ich, andere weniger weit. Es sind meine Studienkollegen und Freunde. Sie haben gerade eine Pause vom Unterricht." antwortete ihm dieser leicht verunsichert, doch mit dem Versuch offensichtlicher Umsicht. „Nun ich war auch einmal dort unten... hätte ich damals gewusst, dass..." er atmete tief und schwer durch, wandte sich aber dann zum Schreibtisch um, der Jüngling folgte „...ist nun auch egal. Ich habe euch rufen lassen weil ihr etwas Liefern müsst." mit diesen Worten gab er dem Jüngling ein kleines, in bräunliches altes Packpapier gewickeltes Päckchen.

„Hier ist die Adresse." Er deutete auf eine kleine alte Tuschhandschrift. Der Jüngling nahm das Paket mit allergrößter Umsicht an sich und blickte auf die Anschrift.

Sie sagte ihm nichts, doch die Stadt, die kannte er. Ungenannten Schrecken brodelten in ihm auf, kochten hoch. Schreie, Töne, Erinnerungen die nicht die seinen waren... Die nächsten Stunden kamen ihm wie Momente vor, Tage wie Minuten. Eine Reise quer durch das Land. Persönliche Lieferung, kein Postweg führte an diesen Ort zur Zuversicht. Ein Leben war gebunden in Unwissenheit. Was war es was bei dieser Reise an ihn trat? Er spürte das von seinem in Pergament geschnürten Begleiter eine merkwürdige Wirkung ausging. Als wäre eine Aura daran, wie alle Leben. Oder vielmehr als ob dieses Kleinod mit allen Leben in Verbindung stand. Und obgleich er es mit all seinen Fähigkeiten zu erfassen suchte war es absolut unfassbar. Unfassbar titanisch.

Schrecklich unabsehbar in seinen Proportionen. Der Fernbus den er vor einigen hundert Kilometern betreten hatte, passierte gerade eine stählerne alte Brücke die über eine Spitz zerklüftete weite Klamm führte. Gischtwolken verbargen seine Tiefe.

Brüllendes tosen stieg an die winzigen Herzen der Reisenden.
Lauter drängender, tief brodelnd.
Erschütternd sprach es an sie. Suchte, fand ihn. Er schreckte hoch als ob furchtbare klauen sein Herz umschlossen und es, langsam aber sicher zerquetschend, umschlossen. Er blickte suchend
um sich. Panik erfasste ihn immer mehr.
Von einem lauten Knall schreckte er zusammen. Schwarzer Rauch stieg auf.
Ein verhängnisvoller Motorschaden. Rollend wurde der Bus langsamer. Wurde überholt und blieb am Seitenstreifen unmittelbar nach der Brücke auf festem Steingrund zum liegen. Schwer war es dem Reisenden.
Und mit jedem Moment nahm sie zu.

Als ob das Auge eines Sturmes aus den Spähren des Chaos selbst ihm direkt in die tiefen starren. Sänge immer drängender, blitzender aus Ecken und Enden an den Hängen stachen und schnitten ihn.
Die Mitreisenden blickten ihn mit unschuldiger Verständnislosigkeit an.

Der Busfahrer stieg aus, öffnete die Motorhaube. Er samt seines Paketes und einige seiner Mitfahrer folgten ihm ins Freie nach. Doch nicht aus gleichem Grund.

Er hielt die Chöre in ihm, die die Enge des Businneren verstärkte nicht aus. Nur einen Bruchteil hielt der Friede in ihm.

Denn in der Feuchte des Gischtwassers der Klamm hörte er etwas. Etwas das nur ihm auffiel. Ein leises Brummen. Nein, ein Brüllen. Donnergrollen das Näher kam.

Auf ihn zu. Er sah über die Fahrbahn, über die Weiten der Brücke. Ins Nichts.

Und dieses Nichts stürmte um sich und unaufhaltsam auf ihn zu. Er versuchte die unsichtbare Bestie zu fassen, in irgendwelche Formen zu bannen. Es gelang ihm nicht. Stattdessen fiel ihm lediglich ein schwarzer Oldtimer auf der mit unwirklich schneller Geschwindigkeit auf ihn zukam.

Knapp vor seinem Reisebus kam er mit quietschenden Reihen zum stehen.

Eine Tür öffnete sich „Steig ein verdammt, bist du Wahnsinnig mit sowas stehenzubleiben!" rief ihm ein Mann der in schwarzbrauner Kutte gekleidet war mit aufgeregter Stimme zu. Kurz zögerte er aus Unverständnis, doch dann bemerkte er einen Halbmond mit dem achtspeichigen Stern des Magistrates. Wie in Trance stieg er ein.

Er wurde mit der sofortigen Beschleunigung brutal in den Sitz gedrückt. Er wollte sich anschnallen aber bei der Geschwindigkeit war das wohl überflüssig. „Junge! Weißt du was du da hast?! Du weißt es nicht oder?

Man hat dir nichts gesagt oder? Vielleicht auch besser so!" fuhr er in aufgeregter Besorgnis fort.

Der Adept blickte mit fragendem aber dennoch ansatzweise wissendem Blick auf das Paket. Überlegte, versuchte das was da in seinem Kopf Gestalt annahm in Worte zu fassen. „Da!" wies ihn dieser aus den Fenster deutend auf etwas hin. Der Jüngling blickte hinaus. Der ganze Berg, die stählerne Brücke, die Klamm und alles auf der Seite auf der er noch gerade war, ist eingestürzt. Wie eine gigantische sterbende Bestie brüllte der Berg in seinem Tod. Langsam und mit wachsendem schrecken blickte er auf das verschnürte Kleinod. Was war es? Da!

Ein seichter Schimmer bahnte sich den Weg durch seine Gedanken ins Bewusstsein.

"Ist es das was ich..." „Ja verdammt!" unterbrach ihn der Fahrer, dieser berührte eine kleine runde Metallplatte auf der Mitte des Armaturenbrettes. Es schimmerte leicht auf und ein schwarzhaariger Mann erschien darauf. Befehlenden Tones und ohne zu zögern forderte der Fahrer den erschienen auf „Bereite sofort alles vor! Die Spannung ist weg!" Tod bleich und mit entsetzter Miene erwiderte dieser „Oh mein Gott!"

Er wandte sich ab und die Metallplatte wurde dumpfglänzend und schweigend wie zuvor. Tief und voller schrecken, einen Ewigen

Schauer am Rücken, atmend hielt der Schüler mit innerem Beben das Paket.

Durch dichte Nadelwälder, der vorgelagerten kargen Wüste, lag es Wolkenverhangen in der Ferne da. Das Halbmondgebirge schlang sich Schützend warnend um die Stadt, die mit seinen unzähligen Schrecknissen und ungenannten Ewigkeiten von der Außenwelt abgeschnitten, im Schoß des Berges lag. Wie ein starrer Sturm kamen die Steilwände näher und näher. Dann begrüßte sie das Tor mit dem gemeißelten Engel und Dämon der in einen rotorange beleuchteten Tunnel mündete. Der Fahrer drückte einen kleinen roten Knopf. Fast gleichzeitig öffnete sich eine Luke im Boden und es ging steil bergab. Weiter und weiter durch enge Korridore. Schneller und schneller. Dann öffnete sich die Straße in eine große finstere weite Halle. Schnell näherkommen warteten schon eine kleine Gruppe Männer auf sie.
Sie hielten. Die Türe wurde aufgerissen, das Paket wurde dem Jüngling aus den zitternden Händen in einem für ihn absolut unwirklichen Moment gerissen. Er hörte ein monströses Knacken über sich wie alle Donner die er je gehört hatte. Laufende Schritte waren zu hören, die von ihm weg in die ferne verschwanden. Er blieb regungslos als ob das Gewicht aller Welten von seinen

Schultern gewichen wäre sitzen.

Dann schreckte ihn ein Geräusch das aus der finsteren unwirklichen Ferne kam auf.

Es war vergleichbar mit dem spannen einer Gitarrenseite. Im selben Moment verstummte das Knacken über ihm in vollkommene Stille. Der unwirkliche Sturm der vorher aus unbekannter Unsichtbarkeit um ihn war verstummte. Die Bestie in allem schwieg wieder. Mit den Worten „Hier Junge, dein Trinkgeld." Drückte man ihm einen Zettel in die Hand. Darauf standen drei Worte „Kauf das Grüne". Er verstand nicht. Musste er auch nicht, er war froh das alles vorbei war. Er berichtete noch dem ansässigen Magistraten von seiner Reise. Erhielt noch Verpflegung für die Rückreise und ein wenig Reisegeld. Dann trat er die Heimreise an. Sein zugewiesener Fahrer quatsche etwas das er nicht verstand, er hörte ihm auch nicht zu. Versuchte zu schlafen, konnte jedoch keine Ruhe in sich finden. Komische Reise dachte er. Mit einem „Ich hol mal was zu trinken Kleiner." hielten sie an einer Tankstelle.

Er musste sich die Beine vertreten und ging mit. Nahm sich Wasser aus dem Kühlschrank und ging zur Kasse. Der Kassierer Scannte. Irgendwie fiel sein Blick auf die Lose hinter ihm.

Ein Grünes versprach fünfundzwanzigtausend Monatliche Sofortrente. „Ja, die Weberinnen. Du Glückspilz. Jetzt geht's erst los für dich..." Grinste ihn sein Fahrer an.

Auf Alte Weise...

Was war es was in jener Stunde in diesem Gemäuer, das ich mein Zuhause rief, an mich trat? Es war wohl vor mir hier. Schon immer wartete es hier auf mich. Lauerte kauernd zwischen den Mauern. Zwischen diesem Haus, oder in etwas älterem darunter. Vielleicht auch darin, doch es ist mir unfassbar. Mir stellte sich unweigerlich die Frage, ob es die Stadt war, oder nur dieses Haus in dem ich zweifelndes Heimgefühl fand. Vom Ort war es mir bekannt, dass er etwas merkwürdig unbegreifliches in sich barg. Etwas das man nicht verstehen wollte oder sollte. Und selbst wenn man es wollte, schien sich alles in einem zu sträuben.
Als ob die Seele mit dem Ort vor Anbeginn aller Zeiten einen Pakt geschlossen hätte, der einem wie ein dämonenhafter Schatten anhaftete. Ungreifbar und immer so zu stehen, dass er aus der Sicht blieb. Doch so nah zu spüren als würde es wie ein altes trommeln in jedem Schritt in einem Schlagen. Um jeden schwereren Herzschlag

schwimmen den man tut. Dennoch stellte sich mir die Frage ob dies nun anders war.

War dies was dort in meinem Haus war anders als das was dort draußen in der Nebelschweren Schluchtenmeer sich eine unheilvolles Spiel mit seinen Bewohnern trieb? War dies nur das meine allein?

Oder hatte es jeder an sich. Fragen die sich stellten, dessen Antworten sich immer mehr entzogen als alle anderen. Auge in Auge tief in mich starrten. Die ich aber dennoch mit keinem meiner Sinne antasten konnte.

Gab es doch dieses Stück alten Stuck nur in meinem Haus. Oder doch nicht? Waren alle mit Stücken von Stuck bewohnt? War dieses nur in meinem Haus, an dieser Wand, zu jener dieser meiner Zeit geborsten, oder doch nicht? War es dort geborsten oder war es nur mir etwas das brach? Was war dies in mir, oder etwas in etwas Ältestem an jener Wand? Als hätte dies eine Stück Stuck einen Riss in mich gesetzt. Einen heiligen Befehl erhalten in mich hinein zu brechen.

Ein kleines Stück Stuck ist gebrochen an mir. Ich versuchte es zu reparieren, doch mit jeder Reparatur brach mehr von diesem Stück Stuck ab. Barst und bröckelte, als wollte es mir dumpf und tief entgegen Rufen, dass es nicht dort an der Wand war sondern dort tief in mich gesetzt. Es sah mich an, wie unheiliges Art Deco auf heilige Jugenstilweise, es barst sich ein merkwürdiges Lachen an die Wand.

Lachte es über mich, in mir, oder lachte mich das Haus aus? Lachte nur dies Stück Stuck, das ganze Haus oder gar die gesamte Stadt über mich?
Welch Ungerechtigkeit! Städte haben nicht über ihre Bewohner zu lachen! Städte sind zum bewohnen da. Aber dies Stück Stuck war an meiner Wand, in meinem Haus, in dieser Stadt und es Lachte zweifelsfrei.

Lachte es nun mit mir oder über mich? Dieses Stück Stuck wollte mich auslachen weil ich in diese Stadt in dieses Haus gezogen war und eigentlich in mir war?! Oder freute es sich mich zu sehen und begrüßte es mich. Weiß, etwas fleckig, alt und sichtbar nicht aus dieser Zeit.
Oder vielleicht lachte es weil es auch noch nach mir hier war. Auf irgendeine Weise grinste es mir, dass es nach mir hier wäre. Dieses Stück Stuck überlebt mich?
Lacht es deshalb so dämonisch wie es seit mir seit kurzem so vorkommt? Ist es ein Dämon den andere nicht in ihren Wohnungen haben? Muss ich ihm Opfern? Muss ich beten flehen? Diesem Stück Stuck etwas darbieten

um ihm zu gefallen das es aus mir weiche? Verschwinde aus mir! Was hast du dort in mir verloren? Ich seh es an und es ist Stuck. Nur Stuck. Nur ein Stück Stuck.

Es hat keine Macht über mein Herz.

Geh fort aus mir! Was schreibst du mit deinem bersten in mich klapprig tiefer Teufel?! Sind es Lieder die du mir Singen willst von allem Stücke Stuck in dieser Stuckstadt hier? Lass mich sehen was es ist! Lass mich durch dies Schmalste blicken und an das was du dort kratzt auf mir!

Stück Stuck ich fleh dich an! Lass mich deiner Gnade wert sein! Gib mir wonach ich verlange, ein Stück Stuck.

Bitte vergib mir meine Ungeduld die ich an dich stütze. Ich knie hier flehend vor dir.

Ich bete zu dir in unterwürfigster Liebe.

Zeig es mir mein Stück Stuck was du dort so mir lieblicher Zarter Feder singst mein liebes Stück Stuck. Sei mein Lehrer so lehre mich. Ich bin dein unterwürfigster Schüler dir, dein ewigster Liebhaber. Ich liebe dich mein Stück Stuck wie ich nicht nie zuvor etwas so geliebt mein Stück Stuck. Sing mir dein Süßestes Lied das du dort mir gedichtet hast. Mich Unwürdigen. Keiner deiner vielen Lieder bin ich wert. Oh edelstes reinstes Gipselfchen. Du bist wahrlich eine wunderschöne Elfe und Herrscher bestimmt in deinem Walde aller Zeiten.

Singst nur Lieder die ihr anderen edlen Wesen wohl versteht. Bin ich nur ein besseres unwertes Tier. Nicht so hohen Wesens bemerken wert.

Deshalb blickt ihr nicht auf uns, ihr habt einen Grund ihr reinen Wesenschar.

Bist wohl dort ein Elfenherr, ein König musst du bei ihnen sein. Hast viel zu tun mit größeren Dingen. Keiner deiner Bemerkung bin ich wert, mich unwürdige Kreatur.

Noch nicht mal eine mag ich dir und anderen Wesen deiner Art wohl sein.

Bist ein Göttergleiches, lass mich beten zu dir hin lass mich Leben alle Weise die du mich lehrst so sprich zu mir nur dies eine Wort ich hör's. Ich höre es nun was du verlangst. Klar in ich gesetzt wie heiligster Feierschein.

Ganz klar ist's nun, es ist nur da für mich.

So tue ich's nun nur für dich....

Fort

Sie lag wach und schwer in ihrem Bett.
Neben ihr Leere. Niemand da.
Ihr Mann war fort.
 Unbemerkt verschwunden. War jedoch nicht
davon, sondern vor einiger Zeit von
Geräuschen aufgewacht, die sie nur am
Rande von draußen her mitbekommen hatte.
Nun war es die Stille und das Gefühl das
etwas anders war dort, dass sie wach hielt.

Quälende Fragen, Meere davon die aber in
einer stählernen Stille in ihr lagen.
Auf der Seite liegend, malte sie von den
Schatten die mal mehr mal weniger erfüllt
am Fenster vorbeiflogen aus. Merkwürdige
Formen zeigten sich an der Oberfläche ihres
Gedanken, wie Wale die nur zum Atmen an
die Luft kamen.

Unterbrochen nach unbekannter Zeit durch
etwas, dass vom Treppenhaus her, an ihr Ohr
trat. Sie fasste es. Es waren Schritte, vor
ihrer Wohnungstür. Sie wurde mit einem
Knarren geöffnet, dessen Hallen im
Treppenhaus, ihre bleierne Schwere im Kopf
leerte.

Schritte die merkwürdig fremd waren und zu etwas immer mehr Vertrauten heranwuchsen. Näherkommend.
Die Türe zu ihrem Schlafzimmer wurde sacht quietschend geöffnet.
Wieder metallisch geschlossen.
Sie spürte schwere neben sich.

Ihr Mann war zurück. „Wo warst du?" fragte sie ihn unsicher. „Fort..." Antwortete er mit einem ausatmen, dass sich vertraut und doch fremdartig anhörte. „Was war dort?" setzte sie in Besorgnis nach. „Jetzt nichts mehr..." brummte er merkwürdig in sich hinein. Fragen die mehr beantworteten als sie sollten. Sie jedoch in Ratlosigkeit und mit tobendem weiteren Türen zurückließen, die wie von wildem Sturm getrieben in ihr beißend und immer lauter klapperten.

Was war es? Was war dieses Fremde in ihr das sie doch unterbewusst immer wusste, jedoch nie aus dem Licht an sie trat.
 Es war dort immer im Nebel in ihr.
Jeden Tag bei ihr um sie herum, sie kannte ihn nicht. Jetzt trat eine Fremde an sie heran. Ein Gefühl der Leere und Hilflosigkeit flackerte auf, die in einer ungeahnten Kälte in ihr Wogen schlug. Sie schwieg.
Im Außen bemerkte sie die blauen Lichter eines Krankenwagens.

Das taube Gefühl in ihr hatte sich längst nach außen gekehrt und machte das bekannte Heulen der Sirene zu etwas Nichtigem. Sie verfolgte mit zuckendem Suchen die Lichter die kleine dumpfe Sterne an die Wände warfen. Versuchte etwas zusammenzufügen was für sie in gespenstischer Formleere lauerte. „Warum bist du gegangen?" brach es aus ihr heraus. „Weil es dir zu laut war..." erklärte er. Seine Stimme hatte noch einen Schatten von Fremdartigkeit in sich, klang jedoch nun viel bekannter. Suchend in sich und an dem Unbekannten das immer an sie trat wenn ihr Mann das Bett verließ. Einmal im Monat.

Nur einmal im Monat. War sie hier allein. Aber eigentlich fühlte sie vielmehr eine Fremde als Einsamkeit, seit sie in dieser alten Städte wohnte. Warnungen traten wie Nebel bei dem Spaziergang wie derselbige an sie heran der alles durchzog.

Immer war er hier um sie. Sie fragte sich ob er in ihr Dichter war und sich zu einem mauerhaften Irrgarten verschlang.

Seine Kreise immer enger zog, sie zu erdrücken schien und in einen Malstrom aus Fragen und lauernden Ahnungen. Mit einem Moment auf den anderen war es ihr wie ein Pfeifton.

Von dem Moment an als sie bei einem Nachziehen der Bettdecke sein Bein berührte. Es war nicht sein Bein.

Es fühlte sich anders an, merkwürdig überzogen mit drahtigen Haaren. Sie lag wie wie zementiert, war wie eingemauert in sich."Du bist kalt..." setzte er im nächsten Moment an.

„Du warst fort..."brachte sie in einem halbtauben Gefühl aus sich heraus „...mich friert immer wenn du fort bist...." versuchte sie rechtfertigen nachzusetzen. Doch sei sein Bein war merkwürdig warm, voll mit fremdem Gefühl. Nichts bekanntem.

Doch auch etwas vertrautem. Sie spürte wie er sich groß zu ihr umwandte „Schatz..." hörte sie ihn mit bekannter warmer Stimme sagen „...der Nachbarshund wird dich nun nicht mehr wecken..." sie blickte sich zu ihm um. Erkannte ein paar rotglühende Augen die wie zwei blutende Sonnen aus dem Finsteren stachen.

Schachspieler

Funken sprühen und eine kleine Flamme am Ende eines Streichholzes wird von alten knochigen Fingern in sein zum Vergehen bestimmtes viel zu kurzes Leben gezwungen. Ein weißes altes Gesicht bekommt nur durch die Flamme eine Wärme in seinen harten kargen Zügen. Wie die Flamme viel zu kurz. Langsam und zittrig nähert sich das Flimmerlicht einem schwarzen Punkt am Ende eines Dochtes. Nur die Hitze bleibt zeugendes Leben vom Holzspan. Mit fast zu leisem Jammern, wird ein kleines Rädchen von erfahrungschweren ädrigen Fingern zu einer winzigen Sonne erkoren, lässt die Umrisse eines Zimmers erahnen. Unter seinem hellen Blick von oben herab einen alten schwarz-schweren Holztisch. Mit routinierter Pflichtbewusstheit und schneller weiter Geste wird ein altes Schachbrett aufgestellt. Rote und blaue Felder über die ein kurzer Feuersturm an Leben zu flammen scheint. Auf die eine Seite kommt ein alter gemütlicher in wärme und rot gepolsterter Sessel, auf die andere etwas das mehr von einem blau finsteren Thron an sich hat. Getränke werden noch bereitgestellt. Dampfender Früchtee mit drei Stücken braunem Kandis an die Seite des roten Platzes und ein Glas alter bernsteinfarbener Whisky an die blaue Seite. Wie ein Schatten, jedoch festen Schrittes verlässt die Person leise das Zimmer. Mit dem Schließen der Türe, scheinen zwei Aufzugtüren auf. Zwei alte beleuchtete mechanische mal Anzeigen beginnen sich zu bewegen. Die Rote von oben herab die Blaue von unten. Und das älteste der Spiele begann von neuem...

Der Gedanke, dass Gut und Böse gegeneinander Schach spielen, ist ein nicht sehr weit gedachter. Der Mensch bzw. die Sicht auf die Welt und auf bestimmte Dinge darin, lassen ein solches vermuten.

Jedoch ist es ein Teil der Natur und der Mensch interpretiert ein Schachspiel hinein. Würde es ein Schachspiel geben würde ein absolut kein Absolut mehr sein bzw. Gott und auch gedachte göttliche entitäre Wesenheiten würden keinerlei Allmacht haben und auch keine Allwissenheit.

Der Mensch bereitet dieses Spiel ohne zu verstehen was es eigentlich ist. Er weiß nie ob es wirklich eines gibt. Bereitet es aber für die vermeindlich nächste Runde in alter Dienerschaft vor.